O DIAGRAMA DE ISHIKAWA PARA A GESTÃO DO RISCO

INFORMAÇÃO CHAVE

- **Nomes:** diagrama Ishikawa, diagrama de espinha de peixe, diagrama de causa e efeito, Fishikawa, as 5 Ms.

- **Utilizações:** O diagrama de Ishikawa identifica as causas e efeitos de um problema. Pode também ser utilizado como ferramenta analítica na gestão de projetos (particularmente na gestão de riscos) e no controlo de qualidade.

- **Por que é bem sucedido?** Esta ferramenta evita que os utilizadores ignorem algumas das causas de um problema e fornece os elementos necessários para o estudo de potenciais soluções. Este diagrama é consi-derado como uma ferramenta de gestão da qualidade.

- **Palavras-chave:**

  - <u>Abordagem</u>: método; modo de raciocínio.

  - <u>Brainstorming</u>: uma técnica de investigação origi-nal baseada em associações livres apresentadas por todos os membros de um grupo.

  - <u>Causa</u>: a razão de alguma coisa; a coisa que causa ou é responsável por ela.

  - <u>Efeito</u>: resultado ou consequência.

O DIAGRAMA DE ISHIKAWA PARA A GESTÃO DO RISCO

Antecipar e resolver problemas dentro da empresa

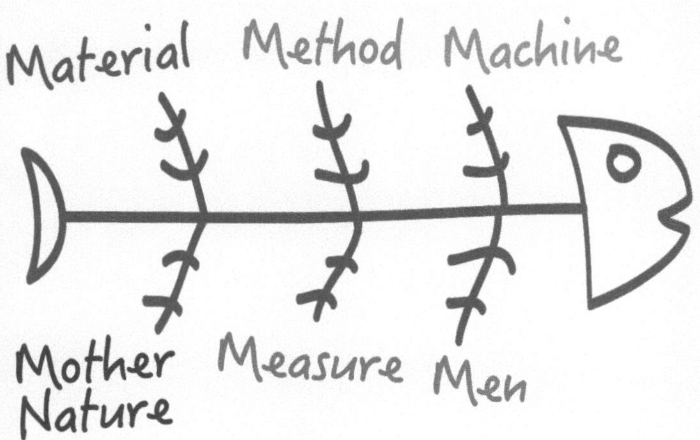

O DIAGRAMA DE ISHIKAWA PARA A GESTÃO DO RISCO

Antecipar e resolver problemas dentro da empresa

escrito por Ariane de Saeger
traduzido por Alva Silva

50MINUTES.com

- ○ <u>Quota de mercado</u>: a percentagem de vendas da empresa em relação ao total de vendas no sector.

- ○ <u>Problema</u>: uma questão que pode ser debatida e requer uma resolução.

- ○ <u>Solução</u>: uma resposta a um problema ou questão.

INTRODUÇÃO

História

O diagrama de Ishikawa foi inventado por Kaoru Ishikawa (1915-1989), professor japonês e engenheiro químico na Universidade de Tóquio. Conhecido perito e pioneiro no campo das teorias de gestão da qualidade, utilizou este diagrama pela primeira vez em 1943 para tentar explicar a um grupo de engenheiros de uma empresa siderúrgica como compreender um problema com base numa análise global – tão exaustiva quanto possível – de fatores complexos.

Definição do modelo

O diagrama Ishikawa é uma ferramenta gráfica utilizada pelas empresas que oferece uma visão geral das causas e efeitos de um problema. Ao classificar as causas, as fontes do problema podem ser identificadas com precisão.

TEORIA

Embora o diagrama Ishikawa seja utilizado principalmente nos negócios como uma ferramenta de qualidade ou de gestão de projetos, também se presta particularmente bem à gestão de riscos. De facto, o diagrama não só permite resolver problemas, mas também antecipar os mesmos. Por exemplo, quando uma empresa quer pôr em prática um projeto, examina os aspectos que poderiam ser tomados em consideração se o projeto falhar. Ao avaliar os vários elementos que poderiam causar o fracasso do projeto, a empresa sabe exatamente onde concentrar a sua atenção para evitar que o problema se materialize de facto.

O OBJETIVO DO DIAGRAMA DE ISHIKAWA

O método Ishikawa é uma ferramenta de planeamento empresarial que visa fornecer uma análise visual e estruturada das causas e efeitos de um problema específico.

PRESSUPOSTOS

O modelo de Ishikawa baseia-se em dois pressupostos:

- existe um número limitado de causas primárias e secundárias para cada problema;
- A distinção entre estes dois tipos de causas é o primeiro passo para a resolução do problema.

COMPONENTES DO MODELO

O professor Ishikawa categoriza as diferentes causas de um problema em cinco grupos, chamados as 5 Ms.

- **Material:** refere-se a tudo o que pode ser consumido ou utilizado pelo projeto, tais como matérias-primas, papel, água, eletricidade, etc.

- **Método:** isto inclui os procedimentos existentes, o fluxo de informação, investigação e desenvolvimento, modos de funcionamento, etc.

- **Mãe Natureza:** isto corresponde ao ambiente e contexto, o que pode ter impacto no projeto (local de trabalho, espaços verdes, etc.).

- **Máquina:** isto diz respeito ao equipamento necessário para o projeto. Isto inclui, por exemplo, instalações, peças sobressalentes, equipamento, hardware, software, tecnologia, maquinaria ou equipamento vegetal. Esta categoria requer geralmente investimento.

- **Mão-de-obra:** isto refere-se aos recursos humanos envolvidos no projeto e às qualificações do pessoal.

Cada categoria pode incluir outras causas ou categorias de causas, dependendo do nível de detalhe desejado.

DE 5 MS A 7 OU 8 MS

Embora inicialmente limitado a 5 Ms, o diagrama foi agora expandido por alguns para 7 ou 8 Ms, dependendo da situação. O objetivo em si permanece inalterado (por outras palavras, ainda permite uma visualização concreta, abrangente e exaustiva das causas de um problema que deve ser tratado como prioritário) e, mais importante ainda, permite identificar a solução mais eficaz.

Os seguintes fatores podem ser acrescentados às 5 Ms:

- **Medida:** corresponde a qualquer coisa que possa ser quantificada para se chegar a um resultado;

- **Gestão:** este é um método de supervisão, estilo de liderança, etc.;

- **Manutenção:** orçamentos, custos, receitas, etc. que terão inevitavelmente um impacto em todas as outras Ms.

VANTAGENS

O diagrama de Ishikawa oferece muitas vantagens, uma vez que permite que os utilizadores o façam:

- classificar todas as causas de um problema;

- decompor um problema relativamente grande;

- encorajar todos os membros da equipa a participar na análise e, desta forma, criar uma dinâmica de gestão de projetos;

- evitar que as causas sejam negligenciadas pelo trabalho em grupo;

- identificar áreas a investigar mais, onde por vezes falta informação;

- analisar um problema, independentemente do campo ou área de negócio em que é experiente;

- fornecer elementos para desenvolver uma solução adequada para o problema;

- dar uma visão geral da cadeia de causa e efeito.

Este tipo de ferramenta participativa oferece um campo relativamente amplo de visão e reflexão que permite aos utilizadores ultrapassar observações demasiado simplistas quando surge um problema. Alarga o âmbito das possíveis causas do (potencial) problema e, ao mesmo tempo, identifica soluções e intervenções a pôr em prática a fim de prevenir ou resolver um problema específico.

LIMITAÇÕES E EXTENSÕES

LIMITAÇÕES E CRÍTICAS

- Apesar das suas muitas vantagens, o diagrama de Ishikawa não é particularmente útil para problemas extremamente complexos em que as causas são numerosas e os problemas estão inter-relacionados. No entanto, são frequentemente estas inter-relações que estão na raiz de um problema atual ou potencial.

- Uma segunda crítica ao modelo é a classificação das causas. Esta é realizada de acordo com a experiência do grupo de trabalho, quando não se baseia numa análise estatística do problema que surgiu anteriormente. Esta classificação pode, portanto, variar de um grupo para outro, dependendo dos seus pontos de vista subjetivos, e ser menos relevante e bem sucedida do que os dados estritamente estatísticos.

Geralmente, é aconselhável utilizar o método de Ishikawa em conjunto com outro método, a fim de garantir a objetividade e a relevância da análise.

MODELOS E EXTENSÕES RELACIONADAS

Vários instrumentos podem ser utilizados para alargar o pensamento sobre o mesmo problema.

Os 5 Porquês

O método dos 5 Porquês (Whys em inglês), desenvolvido e implementado pela primeira vez na empresa automóvel japonesa Toyota, tem como objetivo investigar as causas profundas de um problema.

O método é simples, mas muito eficaz: implica fazer a pergunta "Porquê?" cinco vezes, para identificar a verdadeira fonte do problema. Como tal, depois de identificar a causa superficial, o grupo de trabalho pode procurar as diferentes causas de raiz do problema, perguntando "Porquê? Estas causas aparecerão normalmente após o segundo ou terceiro interrogatório. Na maioria das vezes, as causas organizacionais estão na raiz do problema. É importante não apressar e considerar os diferentes níveis com precisão, a fim de evitar ignorar os elementos-chave. Este método é largamente semelhante ao diagrama de Ishikawa.

O gráfico de Pareto

Este gráfico, ou melhor, o histograma, é uma ferramenta de análise de dados que permite aos utilizadores visualizar a ocorrência de problemas como uma percentagem em ordem decrescente. Isto torna a prioridade mais clara, uma vez que o decisor sabe a que elemento deve prestar atenção. Este é um sistema básico que facilita a visualização da escala de um problema.

A grelha de eficiência

A grelha de eficiência é um gráfico que mostra as várias soluções possíveis. Enquanto outras ferramentas expandem o campo de reflexão sobre a origem do problema, a grelha de eficiência permite uma abordagem mais matemática e compara tanto a eficácia como o custo da solução. Uma vez completada a grelha, o utilizador escolherá logicamente a solução que se revelar mais eficaz ao menor custo (eficiência), considerando ao mesmo tempo a sua viabilidade. Se, por uma razão ou outra, a equipa não optar por esta solução, será obrigada a justificar a sua escolha, estabelecendo os objetivos que foram classificados e especificamente considerados para o projeto.

O eixo x representa o custo e o eixo y mostra a eficiência.

As potenciais soluções devem ser colocadas na rede com base no seu custo e eficácia. É importante ter em mente algumas ideias básicas sobre a análise custo-eficácia:

- a eficácia é medida por um único resultado determinado antecipadamente;

- o custo global de cada solução deve ser medido;

- é uma ferramenta de avaliação de projetos ou programas, onde o objetivo pode ser reduzido a um único resultado;

- esta análise pode ser utilizada antes, durante e depois de um projeto.

Tendo estes fatores em mente, a solução mais vantajosa (a mais eficaz para o menor custo) tornar-se-á clara.

O método CARRTDAF

Tal como a grelha de eficiência, o método CARRTDAF está mais orientado para encontrar soluções do que para as causas do problema. No entanto, continua a ser uma ferramenta interessante e complementar do diagrama de Ishikawa.

O sucesso deste método depende de uma série de fatores, incluindo a participação ativa do grupo de trabalho e a diversidade das profissões e competências dos seus participantes. O procedimento a seguir para a implementação deste instrumento é mais complicado do que os necessários para o diagrama de Ishikawa e os métodos complementares previamente delineados.

Conclusão

É evidente que os diferentes modelos estão relacionados e que as análises de um problema, as suas causas e as suas soluções andam de mãos dadas. É certamente difícil ver o diagrama de Ishikawa como uma ferramenta isolada, uma vez que a análise das causas não pode ter lugar sem uma análise minuciosa do problema e das suas soluções. Em qualquer caso, o gestor faz parte de um processo em curso e utiliza o maior número possível de ferramentas metodológicas para resolver um determinado problema com o seu grupo de trabalho, até que esteja satisfeito por ter encontrado potenciais soluções viáveis.

APLICAÇÃO PRÁTICA

ACONSELHAMENTO E MELHORES PRÁTICAS

Passos para a construção do diagrama

O diagrama de Ishikawa é construído progressivamente através da implementação gradual das várias fases de trabalho necessárias para refletir e elaborar uma representação gráfica útil sobre o problema. Especificamente, os utilizadores devem:

- **Definir claramente o problema** e, uma vez feito isto, desenhar uma seta horizontal que aponte para o problema, acidente ou efeito.

- **Elaborar um inventário das causas possíveis** (por exemplo, através de brainstorming) e trabalhar com pessoas competentes e peritos na área do problema.

- **Recolher os dados do brainstorming**.

- **Categorizar as ideias em grupos (5-8 Ms)**, mas tendo em conta que nem todos os Ms se aplicam necessariamente a todos os sectores. Ter em mente que o método Ishikawa deve ser adaptado ao assunto, ao contexto e ao problema. Este passo permite que as setas secundárias que devem ser afixadas à seta horizontal principal sejam desenhadas. Cada uma destas setas representa um dos grupos de causas potenciais.

- **Para cada ramo, pesquisar as causas profundas do problema** que ainda não tenham sido identificadas. Após esta etapa, é possível desenhar setas mais pequenas correspondentes às causas dos diferentes grupos.

- **Avaliar as causas prioritárias** e ponderar cada causa para determinar os cursos de ação mais importantes e classificá-las.

- **Escolher as causas para agir**, uma vez concluído o diagrama, dependendo da prioridade que lhes tenha sido dada. As causas potenciais e as causas secundárias serão então divididas em dois grupos.

- **Colocar em prática soluções e ações corretivas.** Esta etapa pode corresponder a uma fase de teste ou a uma fase de implementação da solução.

Todos os elementos são assim montados, o que permite ao gestor do projeto visualizar as 'espinhas do peixe' e organizar os grupos de trabalho em função das soluções a serem testadas. Para cada M, será acrescentado uma 'espinha' ao diagrama, como se mostra abaixo.

Armadilhas a evitar

A dificuldade do diagrama de Ishikawa provém não tanto da sua metodologia por fases, o que de facto facilita o desenho, mas da negligência de certos elementos-chave:

- **A importância do trabalho de equipa.** Isto está subjacente a todo o pensamento durante e após a construção do diagrama. De facto, sem uma ampla reflexão, uma equipa com competências diversas, uma mentalidade de grupo, ou uma participação coletiva ativa e dinâmica (procura de soluções, acordo consensual sobre prioridades, etc.), as causas do problema não serão analisadas em profundidade e a solução mais óbvia poderá não ser considerada.

- **A utilização da ferramenta.** Embora o diagrama Ishikawa seja considerado um instrumento de gestão da qualidade, não deve ser reduzido apenas a este propósito. Ao preparar um projeto, pode ser utilizado para uma análise contextual e/ou para a análise de riscos potenciais, um aspecto que é agora cada vez mais considerado nos negócios. Além disso, seria uma pena considerá-lo apenas como um instrumento para encontrar as causas de um problema, uma vez que também pode ser utilizado para analisar as causas do sucesso.

- **A natureza do brainstorming.** É aconselhável trocar pontos de vista com todos os membros da equipa para abordar todos os aspectos (causas e efeitos) do problema, com cada indivíduo livre de expressar a sua opinião pessoal sobre o assunto em questão.

- **Respeito pelo processo.** É importante classificar progressivamente as causas, de acordo com a sua importância em relação à questão. De facto, o diagrama de Ishikawa baseia-se principalmente no

questionamento e na apresentação de ideias inter-
-relacionadas sobre o problema estudado.

- **A extensão da sua aplicabilidade.** Embora o método Ishikawa fosse originalmente destinado a engenheiros e geralmente orientado para o mundo empresarial, deveria também ser aplicável a todos os sectores (público e privado), tais como hospitais. A sua terminologia e os fatores estudados com este instrumento devem, portanto, ser adaptados ao sector em que a análise é aplicada.

Recomendações

O diagrama de Ishikawa é discutido em muitos trabalhos de referência que fornecem uma variedade de opiniões relevantes relativamente à correta implementação deste instrumento. Abaixo estão alguns dos principais conselhos da literatura:

- **Seja metódico.** Embora o diagrama de Ishikawa seja uma ferramenta muito interessante e eficaz, é ainda assim importante evitar cortar esquinas e procurar causas antes de soluções.

- **Preste atenção.** Durante a discussão, poderão ser identificadas novas causas. Nesta fase de brainstorming, nada deve ser ignorado, a fim de encorajar a criatividade, abertura e sugestões do grupo.

- **Seja meticuloso.** Se as causas forem demasiado numerosas e conduzirem a um diagrama demasiado complicado, é melhor construí-lo ramo a ramo.

- **Seja pragmático.** É essencial adaptar a terminologia deste instrumento ao sector a que é aplicado.

- **Seja minucioso.** O diagrama não deve ser limitado a causas negativas, mas deve também analisar as causas positivas.

- **Seja preciso.** Verificar se as causas determinadas conduzem efetivamente ao efeito observado na prática.

ESTUDO DE CASO

O diagrama de Ishikawa permite a análise fácil, direta e estruturada de um problema, definindo as suas causas e efeitos. Tomemos o exemplo de um supermercado em Genebra, que enfrenta uma taxa de satisfação dos clientes muito baixa, e assumamos isso:

- O supermercado é uma loja bem conhecida que tem uma quota de mercado igual à dos outros supermercados em Genebra.

- A empresa visa uma taxa anual de satisfação do cliente de 80%.

- O departamento de marketing decide implementar um inquérito de satisfação para aprender sobre a perceção dos serviços oferecidos aos clientes.

- O inquérito é relativamente curto, com uma pergunta por tópico, nomeadamente "Está satisfeito com...?", a ser respondido de acordo com uma escala de satisfação de 0-5 (sendo 0 a insatisfação total e 5 a satisfação completa). Os tópicos incluem qualidade do pessoal, qualidade do produto, infraestruturas, localização do supermercado, etc..

Note-se que um inquérito de satisfação mais detalhado poderia ter ajudado a equipa a compreender melhor as verdadeiras causas da insatisfação geral. No entanto, como os clientes geralmente gastam pouco tempo com ela, os investigadores preferem muitas vezes oferecer-lhes um pequeno questionário.

O problema encontrado

Depois de ter inquirido cerca de 500 clientes de dez lojas diferentes, a soma dos resultados revelou um baixo nível de satisfação do cliente: apenas 20%.

Aplicação do modelo

A fim de tomar medidas concretas, a equipa de marketing decide analisar as causas do problema antes de conceber qualquer solução ou mesmo um plano de ação.

O diretor do departamento de marketing quer criar um grupo de trabalho composto por membros de diferentes departamentos com diversas competências e experiência a longo prazo. Para tal, contacta cada departamento (comunicação, finanças, produto, logística, etc.) com o objetivo de obter uma visão mais ampla das causas subjacentes durante a fase de brainstorming. Uma vez selecionados os membros, ele explica que o tema da próxima reunião de trabalho será identificar as causas subjacentes aos resultados preocupantes do inquérito aos clientes: uma taxa de satisfação de 20%, o que está longe da meta anual de 80% inicialmente estabelecida. Desta forma, o gestor pode pedir aos participantes que escrevam antecipadamente quais são, na sua opinião, as causas (primárias e secundárias) deste problema.

- **Primeira reunião.** Durante a primeira sessão de brainstorming, a discussão é animada e as ideias são partilhadas. O líder do grupo da sessão de trabalho fornece uma lista de todas as causas identificadas de acordo com as cinco principais categorias de causas sugeridas por Ishikawa: Material, Método, Mãe Natureza, Máquina e Mão-de-obra. As causas ligadas ao aspecto orçamental, ou seja, os recursos financeiros, são consideráveis neste caso, dado o ambiente empresarial. Por exemplo, numa situação de crise económica, se os níveis de pessoal forem reduzidos, a qualidade do serviço pode ser inferior e, por conseguinte, causar uma diminuição da satisfação do cliente. A contribuição do líder do grupo depende, evidentemente, da dinâmica do grupo, e estes participarão mais ou menos dependendo da situação. Em qualquer caso, solicitarão aos participantes que classifiquem as causas que foram identificadas por ordem de prioridade, sem omitir quaisquer ideias sobre a origem do problema, mesmo que sejam difíceis de ouvir para o gestor.

- **Dê um passo atrás.** Após o primeiro passo, é sempre uma boa ideia dar aos participantes um momento para darem um passo atrás, para que possam revisitar elementos que anteriormente foram omitidos durante a primeira sessão de brainstorming. Entretanto, isto dá ao gestor tempo para reorganizar as várias ideias levantadas pelo grupo, fazer novas perguntas, colocar as causas discutidas na tabela e observar as categorias de causas deixadas por abordar. A partir daí, beneficiarão de uma visão global e de uma visão mais clara que lhes permitirá prever claramente as causas prioritárias que precisam de ser analisadas em profundidade.

- **Segunda reunião.** Nesta segunda sessão de trabalho, o problema e as causas devem ser resumidos a fim de determinar a(s) causa(s) primária(s). O grupo de trabalho refletirá então sobre as ações a serem implementadas nos seus respetivos departamentos, a fim de resolver a(s) causa(s) raiz(es) do problema de insatisfação.

Podemos agora analisar novamente o problema e as causas potenciais discutidas pelo grupo:

- Mãe Natureza: A loja está localizada longe do centro.

- Material: A loja não tem secção dedicada a produtos orgânicos.

- Método: Não há pessoal suficiente, o que provoca filas na caixa, o horário de abertura da loja é inflexível, e o serviço telefónico ao cliente é ineficiente.

- Máquina: Há frequentemente problemas na utilização dos autocontrolos, problemas com as caixas eletrónicas, etc.

- Mão-de-obra: O pessoal é rude e/ou incompetente, o serviço ao cliente é ineficiente e/ou inexistente.

Os fatores de insatisfação dos clientes são tão numerosos que pode ter sido útil incluir uma caixa de sugestões no final do questionário de satisfação, para permitir que os clientes insatisfeitos falem livremente.

Finalmente, se a causa definida como prioritária se concentrar no pessoal incompetente (falta de conhecimento sobre os produtos oferecidos pelo supermercado) e tiver de ser remediada rápida e eficazmente, devem ser consideradas soluções eficientes. Estas poderiam incluir sessões de formação que explicassem claramente os diferentes produtos da gama oferecida pela marca, ou os fundamentos das relações empregado/cliente.

Entre seis meses e um ano após ter efetuado os ajustamentos necessários, a direção deve lembrar-se de verificar os resultados para confirmar que o plano de ação implementado teve realmente um impacto. Para tal, a equipa de marketing pode realizar um novo inquérito de satisfação, entre outras coisas.

Conclusão

A gestão de qualidade de um problema pode ser feita de forma simples, desde que a abordagem seja estruturada e bem pensada. Neste exemplo, é impossível dizer se o resultado da utilização do gráfico será automaticamente positivo e que um ano mais tarde, os clientes ficarão mais ou menos satisfeitos. De facto, os números do departamento financeiro (taxa de satisfação, números de vendas, etc.) ajudariam a definir a causa com maior precisão. Se as vendas e a satisfação do cliente forem inferiores, é fácil deduzir que a qualidade do produto diminuiu e, por conseguinte, deve ser dada atenção aos materiais.

Os outros modelos relacionados descritos anteriormente também podem complementar a abordagem de Ishikawa.

RESUMO

- O diagrama Ishikawa é uma ferramenta de gestão da qualidade, desenvolvida nos anos 40 pelo engenheiro japonês Kaoru Ishikawa.

- Este método encoraja a análise estruturada de um problema através da identificação das suas causas e efeitos.

- As etapas conducentes à resolução de um problema são:

    - associando as causas a um único efeito;

    - classificação das causas em categorias (5 ou 8 Ms);

    - classificando as causas por ordem de importância;

    - definição de prioridades;

    - implementando a solução mais adequada.

- Esta é uma abordagem individual e coletiva (agrupamento de ideias), onde os aspectos essenciais são o trabalho de equipa, o brainstorming e a construção do diagrama.

- Assume-se que a qualidade do resultado obtido do diagrama depende principalmente do grupo de trabalho (os membros do grupo devem complementar-se mutuamente em termos de competências, conhecimentos e experiência).

- Existem outras ferramentas semelhantes ao diagrama de Ishikawa:

  - os 5 Porquês;

  - o gráfico de Pareto;

  - a grelha de eficiência;

  - o método CARRTDAF.

- O mapeamento completo e claro das causas do problema contribui para a eficácia da ferramenta.

- Recomendações:

  - trabalhar metodicamente, enumerando os factos;

  - baseie o seu trabalho em provas precisas e comprovadas;

  - não saltar etapas e desenvolvê-las rigorosamente;

  - utilizar ferramentas adicionais para assegurar que a sua abordagem é minuciosa e construtiva.

LEITURA ADICIONAL

BIBLIOGRAFIA

Agence Nationale pour la Promotion de l'Innovation et de la Recherche au Luxembourg (2008) *Diagramme d'Ishikawa = diagramme cause-effet.* [Online]. [Acedido a 15 de Fevereiro de 2017]. Disponível a partir de: <http://www.innovation.public.lu/fr/innover/gestion-innovation/resolution-probleme/diagrammeishikawa-fr.pdf>

Comissão Europeia (2014) *L'analyse coût-eficacité.* [Online]. [Acedido em 22 de Dezembro de 2014]. Disponível no Arquivo da Internet: <https://web.archive.org/web/20150421232210/http://ec.europa.eu/europeaid/evaluation/methodology/examples/too_cef_res_fr.pdf>

Gillet-Goinard, F. e Seno, B. (2012) *Le grand livre du responsable qualité.* Paris: Eyrolles.

Ishikawa, K. (1984) *La gestion de la qualité. Outils et applications pratiques.* Paris: Dunod.

Le Dico du Marketing. *Definição. Diagrama de causa à effet de Kaoru Ishikawa.* [Online]. [Acedido em 12 de Dezembro de 2014]. Disponível a partir de: <http://www.ledicodumarketing.fr/definitions/Diagramme-de-cause-a-effet-de-Kaoru-Ishikawa.html>

Lehu, J. -M. (2012) *L'encyclopédie du marketing.* Paris: Eyrolles.

Gerente GO! (2013) *Comentar le diagramme d'Ishikawa do utilizador.* [Online]. [Acedido em 12 de Dezembro de 2014]. Disponível a partir de: <http://www.manager-go.com/gestion-de-projet/dossiers-methodes/ishikawa-5m>

Nachal, L. (2011) La construction d'un diagramme causes--effets. *InfoQualité*. [Online]. [Acedido em 12 de Dezembro de 2014]. Disponível a partir de: <http://www.infoqualite.fr/la-construction-dun-diagramme-causes-effets/>

Pommeret, B. (2013) *La boîte à outil de l'organisation*. Paris: Dunod.

FONTES ADICIONAIS

Ishikawa, K. (1985) *O que é o Controlo de Qualidade Total? A Via Japonesa*. Trans. Lu, D. J. New Jersey: Prentice Hall.

Queremos ouvir de si!
Deixe um comentário sobre a sua biblioteca online
e partilhe os seus livros favoritos nas redes sociais!

IMPROVE YOUR GENERAL KNOWLEDGE

IN THE BLINK OF AN EYE!

www.50minutes.com

A editora assegura a fiabilidade da informação publicada, a qual, no entanto, não poderia assumir a sua responsabilidade.

Mestre ISBN: 9782808065634
Papel ISBN: 9782808065924
Depósito legal: D/2022/12603/121

Desenho digital: Primento,
o parceiro digital dos editores.